OBSERVATIONS

A MESSIEURS LES MEMBRES DE L'ASSEMBLÉE NATIONALE

AU SUJET DU PROJET DE

L'IMPOT SUR LE REVENU

PAR

Mᶜᵉ DELESGUILLE

Licencié en droit, ancien Chef de bureau au Ministère de la Guerre.

⁓⁓⁓⁓⁓

TYPOGRAPHIE ET LITHOGRAPHIE RENOU ET MAULDE
144, RUE DE RIVOLI, 144

—

1871

OBSERVATIONS

PRÉSENTÉES

A MESSIEURS LES MEMBRES DE L'ASSEMBLÉE NATIONALE

AU SUJET DU PROJET DE

L'IMPOT SUR LE REVENU

MESSIEURS LES DÉPUTÉS,

Au moment où vous allez reprendre le cours de vos travaux, je viens vous soumettre respectueusement quelques observations sur une question des plus importantes, fort controversée dans le pays, déjà étudiée avec soin par l'une de vos commissions de finances, et que vous serez très-prochainement appelés à résoudre.

Cette question, Messieurs, est celle de l'impôt sur le revenu.

Je remarque d'abord que cet impôt est réclamé avec acharnement par le parti démagogique, par ce parti qui a déclaré une guerre à outrance à ce qu'il appelle « l'infâme capital. » — D'un autre côté, je vois l'un des derniers ministres du gouvernement impérial, de ce gouvernement qui, à diverses reprises, a solennellement répudié toute pensée d'imposer les revenus, se faire aujourd'hui l'ardent propagateur de la théorie de l'income-tax appliquée à tous les revenus mobiliers, et j'avoue que, en présence de ce parfait accord entre deux camps que l'on doit considérer comme diamétralement opposés, je ne puis me défendre de certains soupçons fâcheux que rien ne justifie peut-être, mais qui cependant, à un pareil spectacle, viennent naturellement à l'esprit de quiconque, n'ayant pas tout à fait oublié l'histoire contemporaine, se souvient des coalitions bizarres ou même monstrueuses qu'elle a eu tant de fois déjà le triste devoir d'enregistrer.

Et puis, dans cette tendance à imposer les revenus mobiliers, que les partisans du nouvel impôt ont plus spécialement, pour ne pas dire uniquement en vue (vous en avez la preuve, Messieurs, dans la lettre que vous a adressée l'ancien ministre dont je parlais tout à l'heure)(1), j'aperçois avec peine quelque chose comme un symptôme de cet antagonisme, aussi regrettable qu'irréfléchi, qu'on est parvenu à faire naître entre les possesseurs de la fortune immobilière et les détenteurs de la fortune mobilière; comme si producteurs et consommateurs n'avaient pas réciproquement besoin les uns des autres; comme si, par cela seul qu'ils possèdent quoiqu'à des titres divers, leur cause n'était pas commune; comme si ce n'était pas assez, dans notre malheureux pays, de cette haine instinctive dont sont animés une trop grande partie de ceux qui ne possèdent rien contre ceux qui possèdent quelque chose.

Pour entretenir et développer cet antagonisme, on n'a pas reculé devant l'altération des faits. C'est ainsi qu'on a représenté la propriété territoriale comme supportant à peu près à elle seule toutes les charges publiques, tandis que la fortune mobilière s'en trouverait presque complétement exonérée. De pareilles allégations sont contraires à la réalité : la fortune mobilière paye sa bonne part de l'impôt indirect sous toutes ses formes; elle contribue, dans une très-large proportion, à l'acquittement de l'impôt personnel et mobilier ; et quant aux chemins de fer, auxquels on semble en vouloir d'une façon toute spéciale, on oublie trop aisément qu'ils payent des impôts de toute nature, impôt foncier, transport gratuit des dépêches, transport des troupes à prix réduit, retenues sur les dividendes et arrérages attribués aux titres au porteur; on oublie trop aisément quels immenses services les voies ferrées ont rendus et rendent tous les jours à la propriété territoriale et au commerce, en ouvrant de toutes parts des débouchés aux produits de l'une et de l'autre ; enfin on perd de vue qu'il n'est ni juste ni sensé d'établir une comparaison entre des propriétés territoriales appartenant fonds et tréfonds à ceux qui les possèdent et les chemins de fer dont le véritable propriétaire est l'État, les

(1) Cette lettre a été insérée au *Journal des Économistes*, numéro de novembre 1871.

actionnaires n'en étant que les usufruitiers pour une période dont chaque jour qui s'écoule vient rapprocher le terme.

Mais il est plus qu'inutile de passionner le débat. Je n'insiste donc pas sur ces considérations et je me hâte d'aborder la discussion.

Permettez-moi, avant tout, Messieurs, de rappeler ce qui me paraît être les principes en matière d'impôts.

Tout le monde est, je crois, d'accord sur ce point, qu'il vaut infiniment mieux augmenter dans la mesure jugée nécessaire les impôts déjà existants que d'en créer de nouveaux. Les premiers sont, en quelque sorte, des figures de connaissance ; on y est fait ; on y est habitué ; leur surélévation ne change rien à leur nature, et ils se percevront toujours, pourvu qu'on ne les élève pas outre mesure, sans motiver de trop vives récriminations. — Il n'en est pas de même des impôts de création nouvelle ; c'est l'inconnu, ils effrayent, ils mécontentent, on cherche à s'y soustraire. Ils ont, en outre, un inconvénient grave : comme ils n'ont jamais été appliqués, il est impossible de calculer à l'avance, même d'une manière approximative, quel sera leur rendement, et ils ne peuvent, dès lors, entrer dans les prévisions du budget des recettes que pour un chiffre purement arbitraire. On s'expose donc, en y ayant recours, à des mécomptes se traduisant, en fin d'exercice, par un découvert plus ou moins considérable, qui vient rompre l'équilibre que la loi de finances avait cherché à établir entre les dépenses et les recettes.

Enfin, il est hors de toute contestation, ce me semble, qu'un *bon* impôt doit réunir les trois conditions suivantes :

Ne pas choquer trop ouvertement les mœurs du pays ;

Pouvoir se répartir d'une manière équitable entre tous les imposables ;

Être d'une perception aussi facile et peu coûteuse que possible.

Ceci posé, entrons dans la question.

Et, tout d'abord, pourquoi introduire en France l'impôt sur le revenu?

Votre Commission répond que, en le proposant, elle se résigne à la nécessité : il s'agit de faire face à nos engagements, de réparer nos pertes, de relever nos ruines, de nous réorganiser pour l'avenir.

Votre Commission invoque ensuite l'exemple de divers pays et notamment de l'Angleterre, qui nous ont précédés dans la voie qu'elle vous invite à suivre.

Contre l'argument tiré de la nécessité, je n'ai aucune objection, si ce n'est qu'on peut se demander s'il n'y aurait pas un autre moyen de sortir d'embarras que celui qu'on vous indique.

Quant à l'exemple des pays voisins, et particulièrement de l'Angleterre, il ne prouve, selon moi, absolument rien. De ce qu'un mécanisme politique, économique ou fiscal, fonctionne dans tel ou tel pays, conclure qu'il peut également fonctionner en France est une erreur profonde que les faits se chargent de démontrer : nous avons emprunté à l'Angleterre une constitution, sous l'égide de laquelle elle vit et prospère depuis plusieurs siècles, et, chez nous, cette même constitution, si elle n'a pas produit, du moins n'a pas empêché deux révolutions successives, celle de 1830 et celle de 1848. — Voilà cent ans tout à l'heure que les États-Unis d'Amérique donnent au monde le spectacle d'une république florissante; nous avons voulu les imiter, et nous en sommes aujourd'hui à notre troisième essai de la forme républicaine. — L'Angleterre a enfanté la théorie du libre échange et obtient, à ce qu'il paraît, de son application les meilleurs résultats, à en juger par le vif désir que l'on témoigne de l'autre côté du détroit de voir les traités de commerce maintenus sans modification. — Nous nous sommes, à notre tour, engoués de cette théorie, disons mieux : on nous l'a inoculée, bon gré mal gré. Comment nous en trouvons-nous? — Et, quant aux impôts, quel rapprochement utile peut-on faire entre l'Angleterre et la France qui ont, chacune, un système d'impôts si différent?

Ne nous occupons donc pas de ce qui se pratique dans les autres pays. Souvenons-nous que nous sommes en France; que ce sont des Français qui paieront l'impôt à établir et que, par conséquent, cet impôt, pour se faire accepter sans trop de peine, doit avoir une physionomie française, que ne présenterait pas, nous le verrons plus loin, l'impôt sur le revenu.

Supposons cependant le principe de l'impôt sur le revenu admis, quels revenus soumettra-t-on à cet impôt?

Votre Commission vous propose :

D'exempter les revenus immobiliers;

D'atteindre les revenus industriels, les revenus professionnels et mobiliers, la rente exceptée.

En demandant l'exemption pour les revenus immobiliers, la Commission se fonde sur ce que les désastres occasionnés par la guerre et l'invasion, ont frappé plus particulièrement la propriété immobilière.

Assurément, Messieurs, il n'entrera dans l'esprit de personne de nier que la propriété immobilière a eu énormément à souffrir pendant les deux années qui viennent de s'écouler; mais personne ne saurait, non plus, contester que l'industrie, le commerce et la propriété mobilière elle-même ont été aussi atteints d'une manière fort sensible : l'industrie et le commerce ont été paralysés sur un grand nombre de points; les revenus professionnels se sont trouvés considérablement amoindris, lorsqu'ils n'ont pas été complétement supprimés; le trafic des chemins de fer, ralenti ou même interrompu, a entraîné des diminutions plus ou moins fortes dans les dividendes; les créanciers hypothécaires ou chirographaires ont eu à supporter des pertes d'intérêts, quand le capital lui-même n'a pas été ébréché ou entièrement perdu. — Seuls, les obligataires des chemins de fer et, d'un autre côté, les porteurs de rente et les titulaires de pensions ou de traitements payés par l'État sont restés à peu près indemnes; je dis *à peu près*, car s'ils ont continué à toucher l'intégralité des sommes qui leur revenaient à ces différents titres, ils n'ont pas laissé d'avoir leur part dans la souffrance commune par suite d'une diminution dans la valeur de l'argent correspondante au renchérissement des objets nécessaires à la vie, conséquence de la rareté même de ces objets.

De ce qui précède, il résulte que si on voulait ménager tous ceux qui ont eu à pâtir de la guerre et de l'invasion, le cercle des exceptions devrait être singulièrement élargi et qu'il faudrait se borner à frapper ceux qui, en définitive, n'ont souffert qu'indirectement, c'est-à-dire : les obligataires, les porteurs de rentes, les titulaires de pensions, les titulaires de traitements.

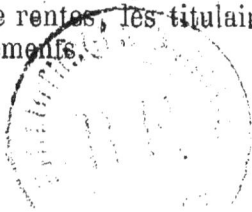

Mais ici, Messieurs, on vient se heurter à plus d'une difficulté.

D'abord, en ce qui touche les obligations, ne perdez pas de vue, je vous prie, que, pour beaucoup d'entre elles, le paiement des intérêts et de l'intégralité des intérêts est garanti par l'État. L'État, en ce qui concerne cette catégorie, peut-il honnêtement manquer à ses engagements et ne serait-ce pas y manquer que de mettre un impôt sur les arrérages de ces obligations (1)? — Resteraient donc celles qui ne sont point garanties. Qu'en retirerait-on?

LA RENTE. — Votre Commission elle-même vous propose, Messieurs, de la respecter. Elle vous le propose dans l'intérêt du crédit de l'État et surtout par un motif qui l'honore : elle ne veut pas que le Gouvernement français puisse être accusé de fausser sa parole et assimilé à ces gouvernements que l'on pourrait nommer, qui en sont réduits à vivre d'expédients et que ne semble pas trop effrayer la honte d'une banqueroute. — Permettez-moi d'ajouter ici un argument qui me paraît d'un grand poids dans la question : Lorsque, sous la Restauration, sous le Gouvernement de Juillet et enfin sous l'Empire, le projet de conversion des rentes a été discuté, les partisans de la conversion ont fait valoir cette considération, qui a été pour beaucoup dans l'adoption de la mesure, que l'État était un débiteur ordinaire et que, à ce titre, il était toujours en droit d'user de la faculté ouverte par l'article 1911 du Code civil à tout débiteur d'une rente constituée à perpétuité, d'en opérer le rachat. Or, si l'État a été envisagé comme un débiteur ordinaire lorsqu'il s'agissait pour lui de l'exercice d'un droit, peut-il être considéré à un autre point de vue lorsqu'il s'agit pour lui de l'accomplissement d'un devoir? — Et qui pourrait soutenir qu'un débiteur soit en droit de retenir à son créancier, de son autorité privée et à son propre profit, quelque parcelle que ce soit du montant de sa dette?

Et puis, que trouve-t-on en décomposant la classe si nombreuse et si variée des rentiers de l'État? Des établissements charitables, l'armée, l'Institut, pour des legs qui leur ont été faits et dont le capital a dû être employé

---

(1) Je sais bien qu'un impôt voté sous l'Empire, qui faisait argent de tout, frappe déjà ces obligations; mais c'est, selon moi, en violation des engagements contractés. Ce précédent n'est donc pas à invoquer : une première faute commise ne saurait autoriser à en commettre une seconde.

en rentes ; les rentes achetées par les Caisses d'épargne et par la Caisse des retraites pour la vieillesse, c'est-à-dire les fruits de l'épargne du pauvre ! En vérité, il faut avoir perdu la notion du juste et de l'injuste pour oser demander, comme le fait, dans sa lettre, M. l'ancien ministre de l'Empire, que de pareils créanciers soient frappés de confiscation !

LES PENSIONS. — Mais en vertu de quoi ont-elles été concédées ? Sont-elles, comme sous l'ancien régime, une faveur toute gratuite que le Gouvernement puisse accorder, refuser, retirer, rétablir, réduire ou augmenter au gré de son caprice ou selon l'abondance ou l'insuffisance des ressources dont il dispose ? Nullement. Les pensions sont concédées en exécution d'une loi qui a déterminé en même temps la quotité des retenues que les fonctionnaires publics devraient avoir subies sur leurs traitements pour avoir droit à ces pensions. Il y a donc là un véritable contrat synallagmatique intervenu entre l'État et ses agents ; et il tombe sous le sens que, si le fonctionnaire ne peut demander à l'État plus que les tarifs annexés à la loi ne lui attribuent, l'État, par une juste réciprocité, ne peut lui donner moins, ce qu'il ferait s'il retenait, à un titre ou à un autre, une partie quelconque des arrérages d'une pension.

Qui atteindrait-on, d'ailleurs, en frappant les pensionnaires de l'État ? Des hommes âgés ou infirmes, dont la carrière est finie et qui, pour la plupart, n'ont d'autres moyens d'existence que cette pension dont eux-mêmes, ne l'oublions pas, ont fait les fonds ; des veuves sans fortune et des orphelins.

J'ajoute, Messieurs, afin de vous édifier complétement sur ce chapitre, que, si les tarifs des pensions militaires ont été, et c'était justice, sensiblement relevés sous l'Empire, en revanche, une loi de 1853 a rendu beaucoup plus dures les conditions auxquelles pouvaient s'obtenir les pensions civiles et réduit les tarifs dans une assez forte proportion. Sous ce rapport, les fonctionnaires civils ont déjà, en réalité, largement payé leur dette à l'État (1).

---

(1) Il n'est peut-être pas hors de propos de rappeler ici que MM. les membres du Conseil d'État impérial, rédacteurs de la loi de 1853, avaient eu la sage précaution de se placer en dehors des rigueurs de cette loi qui

Les Traitements. — Sans doute, il n'y a pas ici d'engagements pris d'une manière irrévocable ; mais, à leur égard, on se trouve en face d'une objection fort juste, qui a déjà été présentée et que je ne puis mieux faire que de reproduire. De deux choses l'une : ou bien les traitements sont trop élevés, ou bien ils sont équitablement réglés, toute appréciation faite des services de ceux qui les touchent et des besoins auxquels ils ont à satisfaire. — Dans le premier cas, qu'on les réduise ! dans le second cas, qu'on s'abstienne de les grever de toute charge nouvelle venant s'ajouter à la charge déjà fort lourde de la retenue de 5 pour 100, perçue en vertu de la loi sur les pensions civiles !

Comme vous le voyez, Messieurs, si vous exemptez de l'impôt sur le revenu la fortune immobilière, ainsi que vous le propose votre Commission, puis les revenus industriels et *in globo* les revenus professionnels et mobiliers, par les considérations que je viens d'avoir l'honneur de vous soumettre, il est évident que tout le monde à peu près échappe à cet impôt ; l'exception devient la règle ; la matière imposable disparaît, et le but que vous poursuivez, qui est de combler l'insuffisance de nos ressources, est manqué.

Or, ainsi que le dit avec trop de raison, hélas ! l'éminent rapporteur de votre Commission, la nécessité de combler cette insuffisance s'impose à nous de la manière la plus impérieuse, et nous ne pouvons nous y soustraire.

Eh bien ! Messieurs, je crois que, dans une pareille situation, il faut que tout le monde sans exception prenne sa part du fardeau.

Seulement, ce n'est pas, dans mon opinion, à l'impôt sur le revenu que vous devez demander ce résultat.

Voici pourquoi :

Admettons que cet impôt soit voté. Comment va-t-on s'y prendre pour le percevoir ?

Pour la fortune immobilière, rien de plus simple ! le cadastre fournira les renseignements nécessaires.

ne leur était pas applicable. M. l'ancien ministre présidant le Conseil d'état, qui se montre aujourd'hui un si impitoyable niveleur, ne serait sans doute pas embarrassé pour expliquer cette petite anomalie. — Au fond, cette loi de 1853 n'était, comme toujours, qu'un moyen de battre monnaie.

Pour la rente, si elle est imposée; pour les dividendes de chemins de fer français et de sociétés industrielles françaises; pour les arrérages des obligations; pour les pensions; pour les traitements, pas de difficultés non plus : on procédera par voie de retenues.

Mais, pour les revenus provenant de l'exploitation d'un commerce ou d'une industrie; pour les revenus professionnels; pour les revenus provenant de placements hypothécaires ou chirographaires; pour les fortunes placées à l'étranger; pour les revenus souvent fort lucratifs qu'on se fait, quand on ne s'y ruine pas, en gardant ses capitaux en portefeuille pour tripoter à la Bourse; en un mot, dans tous les cas où il n'y aura pas fortune liquide, pouvant se chiffrer et apparaissant forcément au grand jour, comment opérera-t-on? — On exigera une déclaration.

Messieurs, je ne veux pas médire de mon pays, mais je crois que je ne cours le risque d'être démenti par personne en disant que, en France, nous n'avons pas précisément le culte de la loi ; c'est là notre moindre défaut. *Pro jure contra legem* est une maxime commode qui, chez nous, n'est pas à l'usage exclusif des anarchistes et des révolutionnaires; l'intérêt personnel la pratique également en la traduisant à sa façon; vous pouvez donc tenir pour certain que le plus grand nombre des déclarations resteront en deçà de la vérité vraie.

S'en rapportera-t-on à ces déclarations? Alors, l'impôt sur le revenu est mauvais en soi; car il arrivera infailliblement ceci : que les uns, par cela même que leurs revenus seront à découvert (et ce ne seront pas toujours les plus fortunés), se verront rigoureusement taxés à un centime près; tandis que les autres, par cela seul que leur fortune sera un arcane, échapperont, sinon pour le tout, au moins dans une proportion plus ou moins forte, à la taxe que, légalement, ils auraient dû supporter; en un mot, pour les uns, l'impôt sera une nasse, une toile d'araignée pour les autres. Il n'y aura pas ce qui doit exister, ce que vous voulez certainement qui existe, répartition équitable de charge entre tous les contribuables.

Imaginera-t-on, pour assurer autant que possible l'équité dans la répartition, de contrôler les déclarations faites au fisc? Alors, nous tombons dans une série de mesures toutes plus vexatoires et plus odieuses les unes que les

autres et qui produiront chez ceux qui en seront l'objet
la plus vive irritation (1), car ce ne sera rien moins que
l'exercice appliqué aux fortunes privées. Mais ces mesures
ne seront pas seulement vexatoires et odieuses, elles
seront, dans beaucoup de cas, tout à fait illusoires.
Encore, pour un négociant, pourra-t-on, en compulsant
les livres que la loi lui fait une obligation de tenir, se
rendre à peu près compte du chiffre de ses bénéfices
annuels; mais, pour les professions dites libérales, où
cherchera-t-on? Comment évaluer le revenu profession-
nel d'un notaire, d'un avoué, d'un avocat, d'un médecin,
d'un architecte, d'un artiste, d'un homme de lettres, d'un
journaliste, d'un professeur libre? le revenu d'un capi-
taliste ayant sa fortune en portefeuille ; d'un cosmopolite
ayant placé un peu partout afin d'être assuré de conser-
ver toujours au moins quelque chose? — Et à qui attri-
buera-t-on le soin de faire ces évaluations si délicates? —
D'un autre côté, que coûtera le fonctionnement d'un pareil
système d'impôts? Votre Commission pense que les frais
de perception seraient peu considérables. Oui, si l'on veut
s'en rapporter aux déclarations; non, si ces déclarations
doivent être contrôlées, auquel cas il est clair qu'il faudra
augmenter considérablement les rouages de l'administra-
tion des contributions directes.

Je me crois donc en droit de conclure qu'il faut renon-
cer à ce malencontreux impôt sur les revenus :

Parce que, en sa qualité d'impôt de création nouvelle, il
serait généralement, pour ne pas dire universellement,
très-mal accueilli, effrayerait les capitaux et en ferait émi-
grer une bonne partie ;

Parce que nul ne pouvant prévoir ce qu'il rendrait, il
serait très-certainement la source de mécomptes et d'erreurs qu'il importe plus que jamais d'éviter ;

Parce qu'il répugne à nos habitudes et à nos mœurs,
qu'il froisserait de la manière la plus sensible ;

Parce que, quoi qu'on pût faire, on ne parviendrait point
à atteindre dans la proportion juste et droite tous ceux
qui devraient y être soumis ;

(1) J'ai entendu, pour ma part, plus d'un murmure en allant faire,
comme chacun, la déclaration de ma location verbale, en conformité de la
loi du 23 août 1871. — Que sera-ce donc quand il s'agira d'aller déclarer
sa fortune... ou sa misère? — Que sera-ce donc quand il faudra répondre,
sur ces points si délicats, aux interrogatoires d'un contrôleur ?

Parce qu'il serait une excitation indirecte à la fraude ;

Parce qu'il entretiendrait, activerait même, ce fâcheux antagonisme qui existe déjà entre la fortune immobilière et la fortune mobilière ;

Enfin, parce que, si on voulait lui faire rendre tout ce qu'il peut rendre et prévenir ou réprimer les fraudes et les abus, on perdrait, en frais de perception et de contrôle, une partie notable de son produit.

Que faire donc, et où trouver la somme qui nous est nécessaire ?

Il y a, pour cela, si je ne me trompe, un moyen aussi simple que pratique, que je me permettrai d'indiquer, pour le cas où l'Assemblée ne croirait pas devoir adopter les propositions qui lui ont été faites par le Gouvernement :

C'est de demander cette somme à l'impôt personnel et mobilier.

Cet impôt existe depuis longtemps. On peut dire de lui qu'il est passé dans les mœurs. En fait, il se perçoit avec une admirable facilité, et, s'il était augmenté, personne n'aurait le droit, en présence des besoins de l'État, ni de s'en étonner, ni de s'en plaindre.

En vous adressant à lui, Messieurs, vous êtes sûrs d'atteindre tout le monde, et cela dans la proportion des facultés de chacun ; car, quoi qu'en puisse dire M. l'ancien ministre présidant le Conseil d'État, la valeur locative est généralement le meilleur des thermomètres pour juger du plus ou moins d'aisance d'un contribuable.

En vous adressant à lui, point de déclaration à exiger, si ce n'est celle déjà prescrite par la loi du 23 août 1871; point de contrôle à exercer que celui déjà dévolu aux vérificateurs des contributions directes ; point d'inquisition dans les fortunes privées ; j'ajoute, et j'insiste sur cette double considération, point de distinction à établir entre les immobiliers et les mobiliers, et, en même temps, point d'excitation indirecte à ces fraudes qui, en se généralisant et en se répétant, abaissent peu à peu dans un pays le niveau de la conscience publique ; point d'autres frais de perception que ceux que le Trésor a supportés jusqu'à présent ;

Enfin, en recourant à lui, pas de mécomptes ni d'erreurs possibles, puisque, comme impôt de répartition, il rendra toujours exactement, sauf les non-valeurs ordinaires, tout ce qu'on lui aura demandé.

Et, parlant de l'impôt personnel et mobilier, je ne terminerai pas sans émettre ici un vœu que, je l'espère, vous ne trouverez pas illogique, formulé par un homme qui pose en principe l'égalité devant l'impôt. — Ce vœu a pour objet le retrait de la faculté dont jouissent actuellement les Conseils municipaux d'exempter de l'impôt personnel et mobilier, sauf la sanction du Gouvernement, les loyers d'habitation inférieurs à un certain chiffre qui varie selon les localités. A Paris, l'exemption s'étend à tous les loyers inférieurs à 400 francs. Il va sans dire que l'impôt étant réparti par commune, la part afférente à chaque commune dans laquelle le Conseil municipal use de la faculté que je viens de dire n'en doit pas moins être acquittée intégralement; d'où cette conséquence que les taxés payent, indépendamment de leur cote individuelle, celle des contribuables au profit desquels l'exemption de toute taxe a été votée.

Je comprends très-bien cet état de choses dans un pays où le droit de participer aux élections politiques et même municipales n'est accordé qu'aux citoyens payant un cens déterminé : qui ne vote pas ne paye pas; et encore, dans ces pays, soumet-on à la taxe, même parmi les citoyens exclus des colléges électoraux, ceux qui, à en juger par le prix de leur loyer, sont réputés jouir d'une certaine aisance. — Mais dans un pays comme le nôtre, où tout le monde sans exception est électeur, ces exemptions n'ont pas de raison d'être : il me paraît excessif que mon voisin contribue avec moi au vote d'un impôt que je paye et qu'il ne paye pas parce que je le paye pour lui. La constitution de 1791 n'accordait le droit de suffrage qu'aux citoyens actifs, c'est-à-dire aux citoyens payant l'impôt direct. Loin de moi la pensée de demander qu'on porte atteinte au suffrage universel; nous l'avons — gardons-le — je n'y fais nulle opposition; mais revenons-en au principe de 91, en faisant payer tous ceux qui votent, quelque minime que soit la taxe qu'on leur imposera (1), à l'exception, bien entendu, de ceux dont l'état d'indigence est officielle-

(1) 1 pour 100 pour les loyers de 100 et de 200 francs; — 2 pour 100 pour ceux de 300 et 400 francs. — J'indique ces proportions comme aperçu. — On pourrait les restreindre encore; il est évident que la taxe n'aurait rien de trop onéreux pour ceux à qui on l'imposerait.

ment constaté par l'inscription au bureau de bienfaisance. — Cette mesure serait équitable, et peut-être amènerait-elle certains électeurs à des réflexions salutaires qui tôt ou tard porteraient leurs fruits. En tout cas, elle leur rappellerait que ces droits dont on les entretient sans cesse sont corrélatifs à des devoirs dont, en revanche, on ne leur parle jamais, et que, dans une société bien policée, nul ne peut être admis à revendiquer les uns qu'à la condition expresse de remplir les autres.

En soumettant ainsi mes idées à votre haute appréciation Messieurs les Députés, je n'ai eu qu'un but : Mettre en évidence ce qui m'a paru être le juste et le vrai.

A vous maintenant de prendre une décision que, fût-elle contraire à mes vues, personne plus que moi n'est disposé à recevoir avec cette soumission absolue que tout bon citoyen doit à la loi de son pays.

Veuillez agréer,

MESSIEURS LES DÉPUTÉS,

l'hommage de mes sentiments les plus respectueux,

M^{ce} DELESGUILLE,

Licencié en droit,
Ancien Chef de bureau au Ministère de la guerre,
Officier de la Légion d'honneur,

44, rue d'Assas, à Paris.

Paris, le 1er décembre 1871.

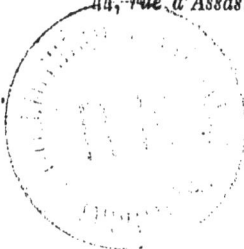

PARIS. — IMPRIMERIE RENOU ET MAULDE, RUE DE RIVOLI, 144. 15301

www.ingramcontent.com/pod-product-compliance
Lightning Source LLC
Chambersburg PA
CBHW050423210326
41520CB00020B/6726